AF258390

L.d.79.15

76 may M. Ordre de Premontré
2672

*Actes d'opposition, appellation & recusation de la part des Vi-
caire General, joint le Substitud du Procureur Syndic, Abbez,
Definiteurs, Superieurs, Religieux & Convents de la Congregation de l'Estroite Observance de l'Ordre de Premontré, contre certaines Ordonnances du Reverendissime General
dudit Ordre, entreprises & innovations qui vont à la ruine
de ladite Observance, & de tous ses droicts, establis du con-
sentement de tous ses predecesseurs, cimentez par les Bulles
& Brefs des Papes, par Arrests contradictoirement rendus,
& transactions solemnelles, & fortifiez d'une possession qui
n'a jamais esté interrompuë.*

*Avec quelques raisons & principaux motifs desdites oppositions, appel-
lations & recusations, & particulierement pour faire connestre aux
Religieux de la Congregation, qu'ils sont tous obligez de s'y opposer en
particulier comme en general : & de n'avoir aucun esgard aux Cen-
sures comminées ipso facto, puis que depuis l'appel interjetté au Chapitre general, au nom de toute la Congregation, elles ne peuvent avoir
aucun effet, mais de redouter plustost celles qui sont contenuës dans
les Executoriales du S. Siege, enregistrées au grand Conseil, qui ont esté
signifiées au Reverendissime General, & qui le seront pareillement
dans tous les Monasteres de ladite Congregation & Communauté.*

À La requeste de Nous Frere Nicolas Guinet, Abbé
de Sainte Marie Major au Pont-à-Mousson, Docteur
en Sainte Theologie, & Vicaire General de la Communauté ou Congregation de l'Estroite Observance de l'Ordre de Premontré, joint le Substitud du Procureur
Syndic, & Consors ; Soit signifié & deuëment fait à sçavoir au
Reverendissime General dudit Ordre, sommé, requis & interpellé, comme par ces presentes Nous le sommons, requerons
& interpellons comme s'ensuit, sauf tout le respect qui luy est
deub.

Sçavoir, Qu'estant notoire que depuis cinq mois environ
nous n'aurions obmis aucune diligence pour former nos justes
plaintes, par les voyes de la civilité & de la justice, dont toutes

A

les avenuës nous auroient esté fermées jusques icy par les artifices de gens mal intentionnez, qui auroiët circonvenu & pre-
occupé l'esprit de nostre Reverendissime Superieur (d'ailleurs
doux & traitable, & porté au bien) qui luy auroient persuadé
de ne rien deferer à l'appel interjetté les 26. Ianvier, & 8. Fevrier dernier au Chapitre General dudit Ordre, des griefs no-
tables intentez contre les droicts de ladite Congregation, au
moyen de certaines destitutions & institutions de Superieurs,
changemens de Religieux dedans & hors lad. Congregation,
interdit du Vicaire General,& pretenduë institution du R. P.
Amour Abbé de Cuissy pour Vicaire d'une Province supofée
fous le nom de Province de France en ladite Congregation,
dont les pretendus establissemens n'auroient aucunement paru, que fous des termes vagües & indeterminez.   Ce qui nous
auroit obligé d'en faire nostre complainte au possessoire le 23.
Fevrier dernier au Grand Conseil , où toutes les causes des
parties font également commises, & ce en attendant la deci-
fion dudit appel au Chapitre General : Mais lesdites personnes
mal intentionnées ne cherchans qu'à prolonger pour conti-
nuër & augmenter les troubles, fe feroient fervis des délais or-
donnez & accoustumez pour folliciter un Arrest d'évocation
du Conseil d'Estat du 14. Mars dernier , qui renvoye tous les
differents pardevant quatre Commissaires,dont l'un estoit ma-
lade à mort, avec la claufe qu'ils y auroient fait inferer, qu'ils
ne pourroient juger que conjointement ; & parce que le stra-
tageme auroit esté trop visible pour n'estre pas d'abord décou-
vert, ils fe feroient veus obligez de folliciter un nouvel Arrest,
qui donnast le pouvoir à trois de Messieurs les Commissaires
de juger en l'absence ou maladie du quatriéme,non pour mar-
quer leur bonne foy ; mais pour y faire glisser, comme ils ont
fait,fur des faux énoncez, la fufpension & la deffence de tenir
le Chapitre annuel de la Congregation, jufques à ce que Meffieurs les Commissaires auroient jugé de fa convocation.
   Il ne falloit plus que cela pour tafcher à dépoüiller la Cõgregatiõ du moyen le plus efficace que le S. Siege luy ait accordé
pour fe maintenir dans l'union, dans la paix, & dans toutes fes
Obfervãces, puifque tout fon regime & façõ de gouverner dé-
pẽd de ce Chapitre annuel, qui depuis 52. ans a esté celebré fans
interruptiõ,& en faveur duquel les Abbez, Superieurs & Reli-
gieuz ont renoncé aux anciens droits qu'ils possedoient dans
l'Ordre, pour en laisser la difpofition audit Chapitre ; Lefdits

Agens mal intentionnez, pour obtenir ce dernier Arreſt contre la celebration du ſuſdit Chapitre, auroient enoncé dans
la Requeſte preſentée au Roy au nom du Reverendiſſime General, que le Vicaire General par attentat, & au prejudice
des Arreſts precedens, auroit indiqué un Chapitre de toute
la Congregation (comme choſe fort nouvelle & extraordinaire) pour eſtre tenu au Monaſtere de Belval, où le Reverendiſſime General l'a luy meſme indiqué l'année derniere, &
non ledit Vicaire, & ce qui eſt encore à notter comme une
ſuite des meſmes artifices, c'eſt que le ſuſdit Arreſt à leur dire
auroit encore eſté eſgaré au Bureau l'eſpace de 15. iours ou
3. ſemaines avant le Dimanche des Rameaux 10. Avril, &
n'auroit enfin paru que ſous la datte du 12. du mois d'Avril.
Mais parce que trois des Commiſſaires apres tous ces détours.
auroient eſté encore en eſtat depuis ce temps là juſques au
26. Avril de recevoir les deux Arreſts ſuſdits, d'ouvrir le Bureau, & de connoiſtre de ladite convocation, ſur laquelle
il n'y avoit qu'à produire l'acte propre de l'indiction du Reverendiſſime General, pour monſtrer que c'eſtoit luy meſme
qui avoit convoqué ledit Chapitre, & denommé l'Abbaye de
Belval, afin d'enjuger & de donner quelques deffences pour
le ſurplus, ainſi que le droit le requiert, ils auroient encore gar-
dé ledit Arreſt, & ne l'auroient ſignifié que le 23. Avril : cependant le Reverendiſſime General s'eſtant abſenté de Paris
ſous parole expreſſe de ſe repreſenter incontinent aprés les
Feſtes de Paſques, pour produire ſes Arreſts, & proceder en
la cauſe, il n'y ſeroit retourné que le 3. May aprés le départ
d'un des Commiſſaires, ſçachant la continuation de la maladie
d'un de ceux qui reſtoient, & le départ prochain d'un autre
qui alloit en voyage juſques à la fin de Iuin : Si bien que ne
reſtant que Monſeigneur l'Archeveſque de Paris Preſident
deſdits Commiſſaires, & ledit Vicaire General s'eſtant trouvé en ſa preſence, & de toute ſa Cour, & autres perſonnes
de haute qualité, fortuitement avec le Reverendiſſime General, le 5. May, il auroit fait verbalement ſes tres-humbles
remonſtrances, ſur la continuation des troubles qui eſtoient
faits aux droits de la Congregation à la faveur d'une ſuite de
délais affectés, & prié avec inſtance ſa Reverediſſime Paternité
de condeſcendre à ce que ſon Aduocat, & le noſtre puſſent
convenir de quelque ſorte de tréve & de ſurceance, ſelon
que le droit & la raiſon le requeroient, à quoy il n'auroit pas

trouvé bon d'acquiefcer , ains auroit declaré qu'il vouloit faire fes vifites , nonobftant toutes les raifons d'empefche-mens Canoniques que nous luy aurions reprefentées.

Pour ce lefdits Vicaire General & confors apres avoir obeï à tous les fufdits Arrefts, & s'eftre laiffez conduire comme des agneaux à tous les Tribunaux où l'on a voulu, n'ayans obmis aucune diligence pour faire pareftre leurs foûmiffions à Meffieurs les Iuges que le Roy leur a donnez, & leurs defirs empreffez pour obtenir & fubir leurs Iugemens, fe voyans cependant dénuez de tous fecours de Iuftice, par les fubterfuges & les détours fufdits ; & comme il ne leur refte que la voye de reclamation publique, & autres actes que le droict permet , auroient efté confeillez de declarer, comme par effet ils auroient declaré & declarent par ces prefentes , qu'en adherans aux oppofitions formées, & appels cy-devant par eux interjettez au Chapitre General de l'Ordre, des 26. & 27. Ianvier, & 8. Fevrier, ils fe font derechef oppofez, & ont appellé, comme par effect ils s'oppofent & appellent audit Chapitre General (où ils ont à conclure d'eftre renvoyez , pour y eftre jugez au petitoire en pourfuivant l'Inftance de complainte au poffeffoire formée au Grand Confeil, & pendante par les fufdits Arrefts d'evocation, pardevant Monfeigneur l'Archevefque de Paris, & autres Commiffaires nommez d'authorité Royale, aufquels ils fe font foûmis & fe foûmetent) de toutes les innovations & entreprifes continuées par ledit Revendiffime General depuis lefdits Arrefts par attentat, & au prejudice d'iceux , & contre les droits reconnus & receus de ladite Congregation, notamment de la divifion d'icelle en trois Provinces, & de la divifion & partition des Monafteres, pour compofer lefdites trois Provinces pretenduës feparées : S'oppofent de plus à toutes confirmations que ledit Reverendiffime General en pourroit demander, ou obtenir en Coûr de Rome ou ailleurs, au prejudice & mefpris dudit appel , & inftance pendante , ou quiconque autre pourroit pareillement demander, à fon fçeu, ou infçeu, fous quelque pretexte que fe puiffe eftre : Comme auffi nous nous fommes oppofez & oppofons, avons appellé & appellons audit Chapitre General de l'eftabliffement pretendu du Pere du Hamel pour Vicaire de la Province fous le nom de Province de Normandie en ladite Congregation, continuation de la mefme qualité au R. P. Amour Abbé de Cuiffy , en la Province pre-

tenduë , fous le nom de la Province de France , comme auffi
à la reftriction de la qualité & jurifdiction du Vicaire General , au petit nombre de Monafteres fous le nom de Province
de Lorraine , comme auffi de la deftitution du P. Bernard
Billotte de la qualité de Prieur de Rengeval , & inftitution
pour Prieur de Genlis , miffion du Pere le Cœur du Monaftere
de Reffons à celuy de Genlis , & de Frere Thierry Bredi du
Monaftere dudit Genlis à celuy de Reffons , Corrections
d'aucuns Religieux de Genlis intervenans au procez , pour
avoir fait difficulté de recevoir ledit P. Billotte pour Prieur
au prejudice de l'inftance & appels , & de l'ordre verbal ou
efcrit de retenir le P. Alderic Sigaud prifonnier , & genera-
lement de toutes autres innovations & alterations au prejudice des droits de ladite Congregation , & Ordonnances
renduës ou à rendre à nous connuës ou inconnuës , qui peuvent toucher les matieres dont il s'agit, & de toutes les Excom-
munications & Cenfures comminées , ou qui pourroient eftre
entreprifes , fulminées & declarées encouruës en execution
de ce que deffus , & des reïterations des premieres deffences
fous lefdites Cenfures d'obeïr au P. Nicolas Guinet Vicaire
General, defquelles Cenfures en adherant, les fufdits Vicaires
General & confors ont appellé & appellent audit Chapitre
General , tant de prefent comme de futur , & de futur comme de prefent , & de toutes les autres inhibitions , Declara-
tions & Ordonnances faites en la feconde Lettre Circulaire
imprimée fous le nom dudit Reverendiffime General, en datte
du 18. Mars dernier , par attentat à l'Arreft d'evocation du
Confeil d'Eftat du 14. Mars , & publiée par tous les Monafteres de ladite Congregation.

Et d'autant qu'en toutes ces entreprifes , ledit Reverendiffime General auroit voulu faire entendre fans fondement,
que c'eftoit en vertu des ordres du Roy , & Arreft du Confeil
d'Eftat , avec menaces de faire plainte à fa Majefté de la re-
bellion pretenduë de ceux qui refifteroient aux fufdites entreprifes , & de les declarer excommuniez, ce qui auroit caufé
un trouble extraordinaire & des divifions parmy les efprits de
quelques particuliers peu inftruits & affez foibles pour eftre
intimidez par lefdites menaces , ou attirez par divers artifices,
lefdits Vicaire General & confors fe feroient creus obligez de
juftifier icy en paffant leur procedé dans cét acte , non par
toutes les raifons qui regardent le fonds de tous leurs griefs,

mais feulement par celles qui concernent l'eftat prefent de la procedure: Car quant aux raifons qui touchent, le fonds ils en ont donné au Tribunal du public un éclairciffement fuffifant par leur Factum, & autres feüilles vollantes, fe refervant d'en donner plus ample connoiffance devant Meffieurs les Commiffaires, & au Chapitre general dans la fuitte; ils fe contentent de publier icy par avance pour la confolation des particuliers de la Congregation qui leur ont commis tous leurs interefts, qu'ils ne pretendent fouftenir aucun droit qui ne foit déja clairement & formellemēt decidé en termes propres & tres exprés, par Bulles, Brefs Apoftoliques contradictoirement rendus, par plufieurs Arrefts auffi contradictoires, & par une trāfaction folemnelle authorifée de tout l'Ordre, le tout fouftenu d'une poffeffion non jamais interrompuë, quoy que fouvent attaquée, & qui a commencé dés l'origine de la Congregation; Ils pretendent auffi faire voir que dans lefdites Bulles, Brefs, Arrefts & tranfactions, toutes les objections du Reverendiffime General font clairement refoluës, particulierement ce qui regarde fa jurifdiction, qu'il pretend eftre fans bornes, fa qualité de Chef General & fpecial, & l'obeïffance qu'on luy promet dans la profeffion.

Quant à l'eftat de la procedure on peut juger aifément par les fuittes & évafions marquées cy-deffus, la mauvaife intention des Confeillers ennemis des Reformez, qui fuyants un Iugement, embarraffent cependant le Reverendiffime General dans une chaifne d'entreprifes qui prejudicient à l'honneur de fa Dignité, puis qu'eftant noftre Pere ils le font agir par une pure vexation contre des pauvres Superieurs & Religieux qui vivoiēt en paix avec édification publique, & qui ont toufiours efté en grande intelligence avec ledit Reverendiffime General mefme, jufque au mois d'Octobre dernier, où l'homme ennemy eft venu femer fon yvroye.

On dira donc icy pour raifons fommaires de nos appellations, que le Reverendiffime General n'a pû faire les changemens, inftitutions, feparations cy-deffus mentionnées en vertu des pretendus Ordres du Roy, puis qu'il ne nous en a jamais efté fignifié d'autres, qu'une Lettre de Cachet du 12. Decembre, qui n'eftoit à autre fin que de faire fortir de Paris le R. P. Ephiphane Louys Abbé d'Eftival, comme Lorrain, à laquelle il obeït fur le champ.

Que fa Majefté ordonnoit dans la fufdite Lettre au Reverendifsime General de faire les Reglemens neceffaires à ce que les Religieux de fon Ordre choififfent à l'advenir des Superieurs François pour Superieurs de leurs Maifons ; il y a bien de la difference de les faire choifir comme c'eft la couftume par les Religieux affemblez au Chapitre annuel, & les choifir foy-mefme fans forme ny mefure , & contre l'ordre eftably par nos Bulles & Brefs omologuez : D'ailleurs, au moment que cette Lettre fi ardamment follicitée a efté fignifiée, le Vicaire General pour toute la Congregation ne s'y eft-il pas foufmis avec refpect : Quel reglement y a-il à precipiter apres cela ? c'eft interpreter les paroles de fa Majefté contre fes intentions puis qu'il eft inoüy que le Roy ait jamais pretendu de donner un droit nouveau par une fimple Lettre de Cachet, comme il paroift par fa Declaration de 1648. ny encor moins un nouveau pouvoir fpirituel , & fi fa Majefté ordonne de faire des Reglemens à un General, cela s'entend toufiours *feruatis feruandis*, fans bleffer fes propres Arrefts, ny les Bulles & Brefs des Papes & Sentences omologuées dans les Cours Souveraines, ny les Decrets des Chapitres Generaux.

On ne s'arreftera pas à démonftrer icy que ledit Reverindiffime General n'a pû faire luy feul des divifions de Provinces, puis qu'il n'a pas le pouvoir de faire feul aucun Statut nouveau felon les Bulles des Papes, ny dans l'Ordre, ny dans la Congregation, c'eft au Chapitre General de tout l'Ordre où telles chofes fe doivent propofer & regler , ou bien en convenir dans le Chapitre annuel de la Congregation par le confentement des Definiteurs ; mais cela regarde le fond de l'affaire, il n'a pû auffi faire de fi eftranges changemens dans la Cõgregatiõ en vertu des Arrefts des 14. Mars & 12. Avril. Pour ce dernier il ne regarde que la furceance du Chapitre annuel qu'on peut dire eftre mal obtenuë, puis que c'eft fur un faux énoncé, comme il a efté marqué cy-deffus, cependant lefdits Vicaire General & confors n'ont pas laiffé d'y obeïr à l'aveugle, fauf à en faire leurs remonftrances en temps & lieu.

Que s'ils euffent creû qu'il y euft eu la moindre apparence que l'Arreft du 14. Mars maintenoit le Reverendiffime General dans fes entreprifes cy-deffus , ils y auroient pareillement acquiefcé, fauf apres d'en faire auffi leurs remonftrances : Surquoy on doit faire reflexion que ledit Arreft contient deux chofes. la premiere, c'eft la députation des Commiffaires, à quoy ils se soûmettent selon la moderation apposée par l'Arrest subsequent du 12. Avril; la deuxiesme est, que l'Arrest de 1632. & les Reglemens faits en consequence, seront executez; ils veulent bien s'y soûmettre aussi, mais ils demandent à voir en mesme temps quels sont ces Reglemens faits en consequence de cét Arrest de 1632. pour ce qu'il est constant que le Reverendissime General en tous ses actes n'a parlé que des Ordres du Roy, selon sa Lettre de Cachet du 12. Decembre dernier 1671. sans jamais avoir fait mention d'aucun Arrest avant ledit Arrest d'évocation du 14. Mars; il est vray seulement que pour l'obtenir, voyant que ses entreprises n'estoient pas soustenables par la Lettre de Cachet, il a esté conseillé par des esprits artificieux & chicaneurs, d'exposer quantité de choses qui se trouveront toutes supposées sans aucun fondement; mais comme il n'y a que ce vieil Arrest déterré qui soit consideré dans le dictum de l'Arrest d'évocation, remettans les autres motifs de sa Requeste, à une plus ample discution, on n'en considerera point icy d'autre que cedit Arrest de 1632.

Le Reverendissime General auroit donc exposé que les Reglemens qu'il auroit faits, ce seroit en vertu & en consequence d'un Arrest donné en l'an 1632. entre un Reverendissime General, & les Peres de la Reforme; Or il ne suffit pas, 1°. de dire j'ay fait cela, il le faut faire voir, ce qu'il ne sçauroit, *non creditur enuncianti, nisi principaliter constet de enuntiato.*

2°. Non seulement il ne les a pas faits en vertu de cét Arrest, mais mesme quand bien cét Arrest subsisteroit en sa force, ce que non, il ne les a pû faire, parce qu'il ne parle en aucune façon de telles especes de Reglemens, bien loin de luy en donner aucun pouvoir.

3°. Cét Arrest en question de 1632. n'estoit autre chose qu'un renversement des Bulles de Paul V. & de Grégoire XV. pendant que les adversaires avoient provoqué & fait citer la Congregation à Rome, pour les faire declarer obreptices & subreptices, & plaidoient actuellement pour cela, cependât par une procedure fort irreguliere (& contre la maxime communément receuë que l'on ne peut pas plaider d'une mesme chose en 2. Tribunaux differens) ils firent rendre cét Arrest, qui exclut l'execution desdites Bulles. Or le Reverendissime General moderne ne s'en peut pas prevaloir. Premierement, par ce qu'il fut revoqué par l'Arrest sub-

sequent

fequent de 1633. & en fuite par plufieurs autres Arrefts contradictoires. Secondement, parce que les Bulles eftoient ju-
ftifiées à Rome, par trois Sentences de Rote, fuivies des Executoriales decernées, avec les anathemes folemnels contre
ceux qui contrediroient, fur tout contre le Chapitre General, & le Reverendiffime General de l'Ordre, ils s'y foûmi-
rent & les accepterent, lefdites Executoriales furent receuës
en France par les Patentes du Roy, & enregiftrées au grand
Confeil par l'Arreft du 18. Février 1634.

Troifiémement, parce que le Reverendiffime General le
Scellier a executé lefdites Bulles, quand il a prefidé dans les
Chapitres, & y a efté condamné par le Bref d'Innocent X.
contradictoirement rendu, & s'y eft de plus foûmis, en la con-
ference de Bonne Efperance, qui eft une tranfaction authorifée du Chapitre general de tout l'Ordre.

Quatriémement, le Reverendiffime General moderne, les
a non feulement executées luy-mefme en prefidant és Chapitres annuels de la Congregation, mais a fait encor fa declaration expreffe, qu'il ne vouloit aucunement contredire, &
ce dans tous les actes de la procedure dont il s'agit, & qu'il
les vouloit inviolablement garder, ce qu'il a mefme inferé
dans la Requefte pour obtenir l'Arreft dont il s'agit, du 4.
Mars dernier.

N'importe qu'il ait declaré par fa Lettre Circulaire du 18.
Mars qu'il avoit fait les Reglemens de feparation de Province, d'eftabliffemens de nouveaux Vicaires, interdit du verita-
ble Vicaire General efleu du Chapitre luy y prefidant, & confirmé de fon authorité & autres femblables; en vertu dudit
Arreft de 1632. Car premierement ce n'eft pas affez de dire,
il le faut faire voir, puis que l'on le nie; fecondement l'Arreft du 14. Mars qui confirme les Reglemens faits, ne confir-
ment pas les Reglemens à faire, ny rien du tout de ce qui eft
pofterieur à l'Arreft. Or cette feconde Lettre Circulaire du
18. Mars eft pofterieure & un attentat manifefte contre
ledit Arreft, & il n'appartient pas aux parties d'interpreter &
glofer fur un Arreft de leur authorité privée, puis qu'il y
avoit des Iuges eftablis pour en connoiftre, outre qu'il falloit
fignifier devant que d'executer; or cét Arreft ne fut fignifié
que le 21. Mars.

N'importe auffi que le Reverendiffime General, ou fon
Confeil, fe vante que plufieurs Religieux demandent la feparation de Province, notamment en Normandie.

B

1 Tout ce que l'on demande on ne l'obtient pas touſiours, mais il ne tiendra jamais à nous que l'on ne donne toute la ſatisfaction poſſible dans des conditions raiſonnables.

2. Entre demander d'eſtre ſeparez, & eſtre ſeparez en effet, il y a bien de la difference, puis què l'Ordre meſme a eſté 50. ans à demander & ſolliciter la diſpence de l'abſtinence, avant que de l'avoir obtenuë, pendant lequel temps il n'eſtoit pas permis de manger cependant de la viande ; Ainſi il n'eſt pas permis de ſe tenir pour ſeparez, & d'agir ſur ce pied pour l'avoir demandé, ny au Reverendiſſime General, ny au S. Siege, ny meſme pour l'avoir obtenuë du Reverendiſſime General, avant que le Pape ait prononcé, & que 24. Convents qui s'y oppoſent formellement, comme à la deſtruction viſible de la reforme, n'ayent eſté ouys ſur ce ſujet.

3. Nous nions ces pretenduës demandes, puis qu'elles ne paroiſſent pas, & qu'elles n'ont jamais eſté communiquées à ceux qui ſont parties intereſſées. Peut-eſtre demandent-ils une choſe, & on leur en veut accorder une autre, tant y a que cela n'eſt pas fait, ny n'a pû eſtre fait ſans le conſentement du Chapitre annuel, en qui reſide en partie l'authorité de tels nouveaux Reglemens.

Quatriémement, les Religieux particuliers, & meſme les Corps de Chapitre des Maiſons particulieres, ſont comme mineurs à l'égard de la Congregation & du Chapitre annuel, & comme il n'appartient pas aux Chefs particuliers, ny Egliſes & Colleges, de renoncer aux Privileges Clericaux communs à toute l'Egliſe.

Ainſi il n'appartient pas aux Religieux ou Convents particuliers, de renoncer à leurs Conſtitutions, & aux obligations de leur profeſſion.

Cinquiémement, ils ſont non ſelement mineurs ; mais on peut dire qu'ils ne ſont pas à preſent en liberté, eſtant intimidez de menaces qui vont à eſbranler les plus conſtans ; ce que quelques uns des plus anciens & des plus authoriſez nous auroient eſcrit comme en tremblant, de la crainte des foudres de l'Excommunication dont on les a d'abord eſbloüis, juſques à les en menacer *ipſo facto*, s'ils n'en voyent meſme les originaux des lettres que le Vicaire General leur eſcrivoit pour les confirmer dans le devoir de leur profeſſion.

On ſçait les artifices dont on a uſé dans les Chapitres Conventuels, juſques à décrier les Superieurs de la Congregation comme des criminels ; Les lettres publiques ſont remplies

d'injures & de menaces envers lefdits Superieurs , & contre
ceux qui les reconnoiftront pour tels, & les anathêmes s'e-
ftendent jufques fur ceux qui oferoient figner un acte pour
former des plaintes en Iuftice, & contribueroient à la caufe
commune en quelque maniere que ce fuft. On en a attiré
d'autres par promeffes, ou furpris par des raifonnemens cap-
tieux, & en cét eftat tous confentemens font nuls,fi les chofes
ne font reftablies dans leur cours ordinaire.

C'eft pourquoy ledit Vicaire General en fon premier acte
d'appel du 8. Février, qui fera joint & iterativement fignifié
avec le prefent, auroit appellé non feulement en fon nom,
mais au nom de tous les Religieux, tant en leur particulier
qu'en Corps de Chapitre, mefme au nom de ceux auroient
confenty & contribué aux entreprifes & innovations cy. deffus, & en adherans avec fes confors, auroit auffi derechef par
le prefent acte efdits noms, appellé audit Chapitre General.
Et comme il eft conftant que ledit appel eft fufpenfif, que
lefd. entreprifes font formellement contre le droit , qu'elles
ne font aucunemêt authorifées par les ordres du Roy, ny par
fes Arrefts:au côtraire,que l'Arreft dernier du 12. Avr. détruit
plûtoft lefdits Reglemens pretendus que de les fouftenir,puis
qu'eftans alleguez on n'y a point eu d'égard; Et qu'enfin les
Cenfures ne font aucunement à craindre apres l'appel legiti-
ment interjetté, qui a un effet fufpenfif parmy tous les Iurif-
confultes, & qu'ainfi tous les Religieux font non feulement
dans la liberté, mais auffi dans l'obligation pure & fimple de
maintenir les droits de la Congregation, comme ils s'y font
liez par leur ferment folemnel la veille de leur profeffion.

Nous les avons tous fommez, requis & interpellez tant en
particulier qu'en Corps de Chapitre, comme nous les fommons , requerons & interpellons, de ne confentir à rien qui
foit contraire aux droits de la Congregation, & de fe defifter
de tout ce à quoy ils pourroient avoir confenti, contribué,&
cooperé en quelque maniere que ce foit, & de fe conformer
aux trois Sentences renduës contradictoirement , & conformément aux Bulles de Paul V. & de Gregoire XV. fous les
peines portées efdites Sentences, qui leur feront intimées &
fignifiées, & d'icelles données copies ou extraits, avec copie
des prefentes, particulierement au P. Robert du Hamel,
au fujet du pretendu Vicariat, duquel en vertu defdites Sentences nous le fommons, requerons & interpellons, de fe defifter de tous actes, prefceances, & prerogatives qu'il au-

B ij

roit pû exercer & usurper en consequence de ladite qualité pretenduë. Ainsi que nous aurions auparavant sommé, requis, & interpellé le R. P. Abbé de Cuissy, que nous sommons aussi, requerons & interpellons, iterativement & conformément aux sommations, requisitions, & interpellations à luy faites du 8. Février dernier au Monastere de Belval, qui luy seront reïterées autant que besoin seroit, à l'esgard du nouveau droit qu'il auroit pû se persuader d'avoir acquis posterieurement audit Arrest d'Evocation du 14. Mars dernier.

Et d'autant que nostre Reverendissime General auroit hautement declaré qu'il vouloit faire ses visites cette année courante en ladite Congregation, Nous l'avons tres-humblement prié & prions, avec toutes les instances possibles, d'avoir égard aux raisons suivantes qui empeschent à l'égard de sa Reverendissime Paternité dãs les circonstances des affaires presentes, & avant que d'avoir aucune resolution de Monseigneur de Paris avec les autres Commissaires, qu'il puisse en quelque maniere que ce soit visiter les Monasteres de la Congregation, par visite Canonique & juridique ; c'est pourquoy avec tout le déplaisir possible, & en luy demandant tres-humblement excuse, pour satisfaire au devoir de la charge que le Chapitre annuel de la Congregation nous a imposée, conjointement avec sa Reverendissime Paternité, & en laquelle elle nous a confirmé tant en nostre nom qu'au nom de tous les Religieux, tant en particulier qu'en corps de Chapitre de chaque Monastere, nous avons formellement recusé, & recusons sa personne pour Visiteur, ny pour exercer aucun acte de jurisdiction, és matieres dont est appel en aucun Monastere de ladite Congregation, jusques à ce que Messieurs les Commissaires en ayent autrement ordonné.

En quoy nous avons declaré & declarons expressément n'avoir intention de donner aucune atteinte à l'obeyssance que nous luy avons voüée, ny à la jurisdiction & pouvoir que les Bulles luy attribuënt, ny entrer en débat de la competance du Visiteur que le Chapitre General a establi pour faire les Visites cette année courante, auquel nous n'entendons non plus prejudicier, & qui pourra & devra prendre son avantage de ce qui en suit, & en user en tout cas comme il trouvera mieux estre : nous pretendons seulement que la jurisdiction dudit Reverendissime General en l'estat des choses, & à l'égard des matieres cy-dessus, & des visites juridiques & Canoniques, est, & demeure comme liée & en surceance pour les raisons de droit comme s'ensuit.

Premierement, pource que nous sommes formellement en procez, & comme il est nostre partie, nous ne pouvons nous dispenser de le prendre à partie, dans le dépoüillement universel où il nous a mis, par pure voye de faict, de tous les droits de la Congregation, comme par effet nous luy avons pris & le prenons, nous confians en la justice de nostre cause. Le titre 24. article 12. de la nouvelle Ordonnance, permet de recuser pour les causes ordinaires de droict, comme là sus alleguée, qui a tousiours esté la plus importante & la plus confiderable, & art. 5. elle permet de recuser le Iuge qui auroit un pareil different avec d'autres parties, à bien plus forte raison s'il est partie formelle de celle qui le recuse.

Secondement, si par l'article 8. du mesme titre le Iuge estre recusable pour des menaces faites verballement ou par escrit, & par l'art. 6. s'il a donné conseil ou connu auparavant du different comme Iuge, ou comme arbitre, ou s'il a ouvert son advis hors le Iugement, à bien plus forte raison s'il a non seulement menacé, mais outragé, & s'il a non seulement ouvert son advis, mais rendu Sentence, sans aucune forme ny ordre de droit, contre toute sorte de raison de Iustice, sans aucun fondement legitime.

On peut icy prendre la liberté, quoy qu'avec bien du regret, pour le respect que l'on doit à la Dignité du R^{me} General, d'assurer estre de notorieté publique, par les actes imprimez & divulguez, que les mauvais conseils dont sa R^{me} Paternité est preoccupée, ont sous son nom outragé la renommée d'une Congregation qui vivoit en estime auprés des gens d'honneur & de pieté, ont volontairement jetté la division autant qu'ils ont pû, deposé des Superieurs innocens, & interdit le Vicaire General sans aucune cause, apres 18. mois de son quatriéme Triennal, ils ont publié que le regime de la Congregation estoit remply de cabales & d'ambition, & de toute sorte de desordre ; ils ont supposé des plaintes sur tout cela, & là dessus sans citer, sans oüyr, sans donner le moindre advertissement, sans communiquer quoy que ce soit, on a porté d'abord toutes ces plaintes jusques aux oreilles du Roy, contre la charité, contre la justice, & contre le secret ordonné par les Statuts de l'Ordre, on a rendu Sentence de condamnation, fulminé les anathemes, dispersé, divisé & dépoüillé de tous les droits.

Cela se dit sans exageration, puis qu'on le peut voir dans ses Lettres Circulaires du 27. Ianvier & 18. Mars, & dans les Requestes presentées au Roy pour obtenir les deux Arrests dévocation & surceance du Chapitre, des 14. Mars & 12. Avril derniers, sans parler de la Lettre de Cachet du 12. Decembre dernier ; il est vray que ce sont Les mauvais conseils qui en sont cause : mais puis que sa Reverendis

fime Paternité a permis qu'on fe fervit de fon nom, elle en refte juridiquement recufable ; & nous la recufons avec juftice, bien qu'a-
vec douleur & repugnance tout enfemble. Car elle fçait la bonne
intelligence avec laqnelle nous vivions auparavant, & les petits fer-
vices & devoirs que nous luy avons rendus fans reproche, felon toute l'eftenduë de noftre affection refpectueufe, & de noftre petit pouvoir. Ce font des procedez fi furprenans, qu'ils nous ont engagé
dans le procez,& dans les juftes oppofitiõs à ces entreprifes par prin-
cipe de confcience ; mais ce n'eft qu'apres que fa Rᵐᵉ Paternité
n'a pas voulu accepter nos prieres, nos foûmiffiõs, nos humiliations &
nos larmes, & les offres finceres du Vicaire General, qui confentoit
que la diffamation qui refulte de tout cela pût tõber fur fa feule perfonne, jufques à s'eftre voulu dépoüiller de toutes charges & emplois
autant que cela pouvoit dépendre de luy, pourvû que la Congregation foit rétablie dans fon calme, dans fon union & dans la paix &
tous les droits qui luy appartiennent & dont elle joüiffoit : mais puis
que le bien commun eft intereffé dans ces diffamations publiées,
nous avons pour cela feul protefté & proteftons, de nous juftifier
pleinement en Iuftice, & d'en demander nos legitimes reparations.

Troifiémement, cependant comme l'exercice & fonctions de vifite Canonique, va à recevoir les plaintes des particuliers, & que par
des prejugez fi forts comme nous venons de dire, & pour s'eftre mis
en devoir de faire une information criminelle contre ledit Vicaire
General, contre toute forte de forme de Iuftice, dont il y aura plainte au procez intenté, pour parvenir à cette juftification fa Reverendiffime Paternité s'eft renduë non feulement fufpecte, mais auffi partie formelle, & pour cela encor nous la recufons.

Quatriémement, & principalement parce que ledit Reverendiffime General fe feroit mis d'un propos deliberé dans un eftat de ne
pouvoir jnftituer fes Vifites Canoniques & Iuridiques, felon que
les Bulles & Brefs de fa Sainteté le prefcrivent ; fçavoir eft, avec un
Adjoint que la Congregation luy doit donner, ce qui fe fait dans le
Chapitre dont il auroit obtenu furceance, qui doit eftre jugée comme entiere fommaire dans la premiere Audiance, ainfi la furceance du Chapitre attire apres foy la furceance de fes vifites. De croi-
re que le Reverendiffime General veüille prendre le Pere Alderic
Sigault Prieur de Bucilly, Adjoint & Deputé par le Chapitre dernier (& qu'il accepta pour lors tres-agreablement) il n'y a pas d'apparence, d'autant que fa Reverendiffime Paternité fçait bien les menaces qu'elles luy a faites en vifites à Cuiffy, en prefence des Religieux, de fes Laquais & autres Seculiers, & les Ordres qu'elle a
donnez depuis peu de le retenir prifonnier ; ainfi il aura raifon Cano-

nique pour fe difpenfer de s'y cômettre. D'attendre auffi que nous en nommions, comme reprefentant le Chapitre hors d'iceluy, fans doute qu'en l'eftat des chofes, fa Reverendiffime Paternité ne s'adreffera point à nous pour cela; ainfi manquant d'Adjoint, qui eft la forme prefcrite par la Bulle, qui declare *irritum & inane quidquid fecus à quoquam quauis authoritate contigerit attentari*, la vifite ne peut eftre faite par le Reverendiffime General Canoniquement & juridiquement.

Cinquiémement, il y a eu des deffences du Grand Confeil fur la complainte, fignifiées au Reverendiffime General le 23. Févr. lefquelles deffences ne font aucunement levées, ny revoquées par les Arrefts d'évocation, & partant qui fubfiftent, puis que lefdits Arrefts d'évocation ont renvoyé l'affaire pardevant Monfeigneur de Paris, & les autres RR. PP. Commiffaires, en tel eftat qu'elle eftoit pour juger de tous les differens circonftances & dépendances.

Enfin, pour juftifier pleinement le contenu au prefent acte, & la prolixité ou la neceffité des circonftances, nous a infénfiblement engagez par l'obligation indifpenfable où nous fommes de fouftenir les droits d'un Corps confiderable qui nous les a confiez, dans un enchaifnement de griefs confecutifs qui luy font faits, nous avons en cela fuivy l'obeyffance que nous devons à l'Ordonnance du Roy, titre 24. art. 19. dont voicy les propres termes; Enjoignons pareille " ment aux parties qui fçauront caufes de recufation côtre aucun des" Iuges, pour parenté, alliance ou autrement, de les declarer & pro-" pofer auffi-toft qu'elles ferôt venuës à leur cônoiffance. Et comme" c'eft une Ordonnance qui eft auffi faite au Iuge, art. 17. Tout Iuge" qui fçaura caufe valable de recufation en fa perfonne, fera tenu fans" attendre qu'elles foient propofées, d'en faire fa declaration.

C'eft pourquoy ledit Vicaire General & confors ont tres-humblement fupplié & fupplient, & neantmoins requierent, fomment & interpellent ledit Reverendiffime General de fe deporter de fonctions de Vifiteur, & autres fonctions és matieres cy-deffus, & de fe conformer aux Bulles Apoftoliques, fuivant les Sentences de Rote, juftificatives d'icelles, & fous les peines y portées, dont ils proteftent de pourfuivre la declaration d'icelles en temps & lieu, & en cas qu'elles foient encouruës, pourquoy fera delivré copie defdites Sentences & Lettres Executoriales d'icelles, du 4. Iuillet 1633 avec les prefentes à fa Reverendiffime Paternité, & copie de l'Arreft d'enregiftrement d'icelles au grand Confeil du 18. Février 1634. ont au furplus protefté & proteftent derechef de nullité de droit & de fait de ladite Vifite en cas qu'il pafferoit outre, & de toutes fortes d'innovations, changemens, inftitutions, deftitutions, & autres difpofitions qu'il pourroit entreprendre de faire, & de toutes Cenfures qu'il pourroit comminer, fulminer ou declarer encouruës, & de tout en ont appellé & appellent, tant du prefent comme du futur, & du futur comme du prefent, audit Chapitre general, où ils attendent leur renvoy par Monfeigneur l'Archevefque de Paris, & les R R. PP. Commiffaires, pour les raifons pertinentes qui en feront alleguées, & par inftance de complainte fur le poffeffoire pendante par évocation pardevant eux, où ils fe foûmettent de proceder en obeïffant aux Arrefts, le tout que deffus fans prejudice de plus amples raifons à deduire en conteftant, dont acte. En foy dequoy ledit Vicaire General, avec le Subftitut du Procureur Syndic, porteur de procuration de vingt-quatre Monafteres, ont figné, le 13. May mil fix cens foixante douze, F. Nicolas Guinet, Abbé de Sainte Marie, & Vicaire General en toute la Congregation de l'Eftroite Obfervance. F. Bruno Ferrand, Subftitut du Procureur General de la Congregation, avec paraphe.

Les actes de requifitions, fommations, interpellations, oppofitions, appel & recufation que deffus, à la requefte du R. P. Nicolas Guinet, Abbé de Sainte Marie, Vicaire General de l'Eftroite Obfervance de Premontré, & de F. Bruno Ferrand, Subftitut du Procureur General de la Congregation, y defnommez, qui ont efleu leur domicille en la Maifon de Maiftre Eftienne le Brun Procureur au grand Confeil, demeurant ruë Pierre Sarrazin, ont efté par nous Notaires Apoftoliques en l'Archevefché de Paris foubs fignez, fignifiez, notifiez, & deuëment fait à fçavoir au Reverendiffime Pere General Michel Colbert, Abbé & Chef de tout l'Ordre de Premontré, parlant à Louis Sureau fon Portier, en fon Hoftel fcis ruë Hautefeüille, proche le grand Convent des Cordeliers; defquels actes fus-mentionnez, enfemble des Lettres Executoriales de trois Sentences diffinitives conformes, renduës en Cour de Rome le quatriefme Iuillet 1633. & de Copie d'Arreft d'enregiftrement d'icelles au grand Confeil, du 18. Février 1634. comme auffi de l'acte d'apel du 8. Février dernier, luy a efté parlant que deffus donné copies avec ces prefentes, ce 16. May 1672. afin qu'il n'en puiffe pretendre caufe d'ignorance. Fait les jour & an que deffus. Signé, LE GAY, & HORRY, Notaires Apoftoliques, avec paraphes.

BIBLIOTHEQUE NATIONALE DE FRANCE

3 7531 04746087 9

www.ingramcontent.com/pod-product-compliance
Lightning Source LLC
Chambersburg PA
CBHW051421060726
47596CB00005B/2308